STAAT DER BEZITTINGEN

VAN

HERBERTUS VAN PUTTEN

STAAT DER BEZITTINGEN

VAN

HERBERTUS VAN PUTTEN

EN ANDERE LEDEN VAN ZIJN GESLACHT

OMSTREEKS 1313

NAAR HET HANDSCHRIFT

UITGEGEVEN DOOR

P. N. v. DOORNINCK

EN

P. C. MOLHUYSEN

HAARLEM
GEBRS. VAN BREDERODE
1902

BESCHRIJVING VAN HET HANDSCHRIFT.

Dit handschrift berust in de Universiteits-Bibliotheek te Leiden. Catalogus B. P. L. 1711.

Het is geschreven op 13 bladen perkament van 8⁰ formaat, de band is nieuw.

Het zal een ongeveer gelijktijdig afschrift zijn van den oorspronkelijken staat waarin de afschrijver op verschillende plaatsen schrijffouten heeft gemaakt.

De eerste 12 folios bevatten eene lijst der bezittingen van Herbertus van Putten en van zijne broeders en zusters van het jaar 1313. Op folio 12^v begint eene lijst van leenmannen van Pelegrinus van Putten, die niet compleet schijnt te zijn en daarna volgt eene lijst van tijnsplichtigen aan den hof te Putten.

Deze Pelegrinus moet de opvolger van Herbertus van Putten zijn, de opgenoemde leengoederen komen reeds voor op folio 1 tot 5 bij Herbertus van Putten, doch de leenhouders zijn niet allen meer dezelfde personen, eenmaal is de dochter in plaats van den vader getreden.

Dit laatste gedeelte is dus na 1313 geschreven.

Het handschrift is goed bewaard gebleven, de inkt weinig verbleekt en daar het met ééne hand geschreven is levert het lezen weinig bezwaar op, slechts nu en dan is de *t* moeielijk van de *c* te onderscheiden.

De verkortingen in het handschrift voorkomende zijn in den overdruk voluit geschreven, alleen bij twijfel is de afkorting behouden.

Plaatsen waar een of meer woorden werden opengelaten zijn door stippen aangeduid.

Op den kant is bij sommige regels een punt of kruisje door een latere hand bijgevoegd.

TOELICHTING.

Van Herbertus van Putten is weinig bekend.

Vig. nat. Domini (24 Dec.) 1307 dragen Herbertus van Putten en Lumudis, zijne vrouw, op aan Reinald, graaf van Gelre, hun huis Nijenbeek bij zee, de landen gen. Olden Ekit en Vonkenoorde, zoomede het goed in Oestendorp en worden met deze goederen door den graaf beleend.

Vrijdag na St. Peter en Pauwel (1 Juli) 1334 verklaart Reinald, graaf van Gelre, dat met zijne goedkeuring Pelgrim van Putten een leengoed, zijnde de hof Verlehorst met toebehooren, opgedragen heeft aan Mechteld, zijne vrouw, tot hare medegave.

Rijksarchief Arnhem. Oudste Register fol. 89.

Charters nᵉ. 2 Lᵃ. E. fol. 35.

Acte op perkament met uith. zegel van den graaf.

Overgedr. Nijhoff I nᵉ. 98 en 291.

De eerste acte vermeldt goederen die opgenoemd worden in het handschrift op folio 7, terwijl Pelgrim van Putten in de tweede acte dezelfde persoon kan zijn als Pelegrinus van Putten voorkomende op folio 12ᵛ.

Deze staat is reeds uitgegeven in eenigszins anderen vorm in de Bijdragen tot de Geschiedenis van Overijsel 2de serie 3de deel.

Subscripti sunt infeodati seu tenentes bona feodalia ab Herberto de Putthen:

Primo Pelegrinus frater eius tenet ab ipso decimam in Sparwaring grossam et minutam. Item paludem in Scaderwoude et duas urnas butiri ibidem ad ℞ iure Zutphaniensi.

Item Gerardus frater eius curtim que vocatur Sculttingher et domum ad capellam et domum que vocatur tor Maerbeke et domum te Manthorne et homines omnes spectantes ad dicta bona. De bonis predictis annuatim habebunt Henricus et Helpricus frater eius quinque modios, medietatem siliginis et medietatem ordei. Item census de Ecktorrecken. Item predictus Gerardus tenet ab eo pensionem butiri in Frisia et bona ten Berghe et duas urnas butiri sitas in Scaderwoude. Item bona Egberti super Eket cum suis pertinenciis omnibus ad ℞ iure Zutphaniensi.

Item Elijsabeth soror eius duas urnas butiri in Scaderwoude ad ℞ iure Zutphaniensi.

Item Ernastus curtim in Empse cum omnibus suis pertinentiis iure Zutphaniensi.

Item Henricus et Helpricus [1]) decimam in Dijsel grossam et minutam et quinque maldra, medietatem siliginis et medietatem ordei ex bonis in Scoijrrenkerwoude. Item parvam que fuerat decimam in Horst iure Zutphaniensi, tali conditione tamen, si predictos Henricum et Helpricum absque liberis decedere contigerit, quod decima in Horst predicta ad Herbertum et suos veros heredes et libere devolventur.

---

[1]) Er staat henr(icus) et henricus et.

Item decimam parvulam in Ghierlo et aliam parvam decimam sitam supra Mersch ad ℞ iure Zutphaniensi, tali condicione, si predictos Henricum et Helpricum sine partu mori contigerit, quod hee due decime cum decima in Horst ad Herbertum et suos heredes libere devolventur.

Item Mechteldis soror eius pactum seu pensionem de bonis Alteti Ludolvingh sitis in marka Hiselhamme ad ℞ iure Zutphaniensi.

Item Wicherus domini furesti bona dicta super Suolle et dimidia pars hominum et quarta pars de bonis in de Lewet ad quinque marchas.

Item Theodericus de Amme curtim in Amme, item curtim in Bergheren ad quinque marchas.

Item Gerardus de Rothem habitans in Bumelrewerd curtim in Hesel et navem nauli idem verscip ibidem et [1]) iurisdictionem ibidem scilicet in Hezel ad quinque marcas.

Item Bernardus de Dorenwerde mansum situm super enghe in Bumel ad quinque marcas.

Item senior Ernestus de IJselmuden bona dicta Husmansgut sita infra libertatem in Wilshem. Item bona sita in Herstenhorst ad quinque marchas.

Fol. 2. Item Everardus Blake bona sita in Gomenesenorde cum suis pertinentiis ad quinque marcas.

Item Johannes filius Segeri de Erke omnia bona sua sita in Erke ad quinque marcas.

Item Henricus Mumme filius Wulvunt curtim in Berinchem ad quinque marcas.

Item Lambertus Megerinc decimam grossam in Eme ad quinque marcas.

Christianus filius Johannis parvam decimam in Eme et minutam decimam duarum domorum in Wesse ad quinque marcas.

---

[1]) Er staat „in".

Item domini Bernardi de Kunre curtim t Oevereffingen et bona dicta bona Cotland de Hessele.

Item decimam in IJselhamme cum suis pertinentiis ad quinque marcas.

Item Giselbertus de Bruechusen et Celikinus filius bona dicta ter Steghe sita in Melclede ad quinque marcas.

Item Fredericus filius Mathei de Boninghen curtim in Boninghen et molandinum aque ibidem et glandes xxx porcorum in silva ibidem et bona in Lattorpe ad quinque marcas.

Item Franco filius Henrici Mumme in Dijdem commorans decimam dictam Koninghestinde ad quinque marcas.

Item Everardus Schettekin decimam septem mansorum sitorum in Hijselhamme ad quinque marcas.

Item filius comitis Jacobi de Campen omnes archas suas in superiori parte ecclesie sitas ad quinque marcas.

Item Henricus de Vorachten grossam decimam in Vorachten et naulum idem verscip in Vaezen ad quinque marcas.

Item Everardus de Helle decimam minutam et grossam sitam in den Sunder in Vorachten ad quinque marcas.

Item Gerardus filius Arnoldi de Drie bona sita super enghe in Ermelo dicta Pelegrinushove ad ❦ et IIII mansos in marka in Ermelo.

Item Arnoldus filius Henrici de Spelde bona dicta Vordendike ad ❦.

Item domina Rekense den Enghehusen decimam grossam et minutam in Oesterhusen; item decimam in Oestenwoude ad ❦ iure Zutphaniensi.

Item Magnus Gerlacus de Herderwiich medietatem decime in Helspit ad dimidiam herwadam iure vasallorum.

Fol. 3.   Item Johannes Wilteti aliam medietatem dicte decime ad idem ius.

Item Theodericus de Sinderen decimam grossam et minutam in Horst prope Aerden sitam ad ❦ iure Zutphaniensi.

In Wesse Egidius de Zutphania et Jutta uxor eius et

Gerardus eius filius decimam trium domorum ad ❦ iure Zutphaniensi.

Item Tabertus filius Mathie bona dicta Benting iure Zutphaniensi.

Item Boltekinus bona dicta Bonhes in Lovenen iure Zutphaniensi.

Item Everardus filius Hassekin bona dicta Vrijthof ad ❦ iure Zutphaniensi.

Item Segerus filius Iohannis de Leideren molandinum in Weneme iure Zutphaniensi, et III agros in campo ibidem et warandiam ad dicta bona pertinentem.

Item Rudolphus filius Ruberti decimam ten Claken ad ❦.

Item Bertoldus de Elborgh decimam in Horst ad ❦ iure Zutphaniensi.

Item Johannes filius Wilteti medietatem grosse et minute decime in Lunspit iure Zutphaniensi.

Item Arnoldus Crede mansum in Lunspit et tria nemora ipsi manso attinentia iure Zutphaniensi.

Item Johannes Spaen de Hatten terciam partem curtis in Hatten; item decimam minutam in Apelderlo; item minutam decimam in Westbizel et minutam decimam in Horst iure Zutphaniensi.

Item Johannes Scurman decimam in Helshove iure Zutphaniensi.

Item Lubertus filius Theoderici de Empse bona dicta Larisgoet ad ❦; item Wilhelmus de Bakerwerde bona dicta te Huden et bona dicta Scockenkamp ad ❦ iure Zutphaniensi.

Item Walterus et Gertrudis mater sua bona sita in Telghit in Westenhusen ad ❦ iure Zutphaniensi.

Item Arnoldus de Vurden Sutphanie commorans decimam quandam sitam in Wichmunde iure Zutphaniensi.

Item Wilhelmus dictus Onbesceiden XI maldra ordei sita sive tollenda in Reme super enghe iure Zutphaniensi.

Item Hermannus Odelunc bona in Hervesce dicta Heil-
linc iure Zutphaniensi vel equum meliorem.

Item Florekinus medietatem fermenti in Elborgh iure
Zutphaniensi.

Item Jacobus filius Nust de Vledderen decimam in Vleddere
ad ♔ iure Zutphaniensi.

Fol. 4. Item Lubburgis uxor Bernardi super Eket medietatem
decime grosse et minute in Lunspit iure Zutphaniensi.

Item Lubbertus filius Lubberti de Oestenwoude bona sita
ultra Beke cum suis pertinentiis ad ♔ iure Zutphaniensi.

Item Wernerus Reghesingh bona in Reghesingh sita in
Henghel super Goije iure Zutphaniensi.

Item dominus Gerardus Heinc prepositus Oldenrellensis
bona in Getele iure Zutphaniensi.

Item Gerardus de Bisel bona in Tunsele iure Zutphaniensi.

Item Theodericus de Merme bona in Merme in Elste sita
iure Zutphaniensi.

Item Lubbertus filius Bertoldi de Elborgh antiquam
decimam in Apelderlo ad ♔ iure Zutphaniensi.

Item Hugo de Luttiken Hoenbraken bona sita in Tule
et unum warscap in Ardermarke ad tres ♔.

Item Hermannus Havercamp bona in Ritbroech in Apeld. [1])
ad ♔ iure Zutphaniensi.

Nam hec bona Henrici Herbertus emit sibi.

Item Theodericus de Vurden bona dicta Westenenghe in
Vurden sita iure Zutphaniensi.

Item Reijnerus de Enghehusen per [2]) bona dicta Luttike
Bervermere cum suis pertinentiis iure Zutphaniensi ad ♔.

Item Wolbertus de Daventer bona dicta Grisingut sita in
Hummede iure Zutphaniensi ad ♔, que quidem bona domini
Aelberti de Latmere fuerunt.

Item Henricus de Waude medietatem bonorum in Liffar-

---

[1]) Apeld. met een afkortingsteeken.

[2]) „Per" is niet duidelijk.

distraet et insulam dictam Zassenwerd iure Zutphaniensi ad ❦.

Item Theodericus Hadewighen duos agros sitos in libertate de Elborgh et pratum situm super Spike et sex agros sitos super Hoenenghem. Et sedecem ❦ Turonensi grossorum pro sedecim parvorum computato et Brabantino pro quatuor parvorum denariorum iure Zutphaniensi ad ❦ tenet a predicto Herberto.

Item Henricus filius Selekini de Duseborch tenet a me Herberto mansum dictum Siburghehove et terram arabilem et waerscap ad ipsum pertinentem situm in ¹) de Dremetermarke ad ❦ iure Zutphaniensi.

Item Mechteldis filia filie Stephani dicti Allec commorans in Vrachten decimam pertinentem ad eius bona ad ❦ iure Zutphaniensi.

Fol. 5.   Item Ernestus filius Ernesti curtim in Empse cum suis pertinentiis ad ❦ iure Zutphaniensi.

Hec sunt allodia seu propria bona Herberti de Putthen: Curtis in Putthen sita in Volenho cum suis pertinentiis universis.

Item domus Volkeri bi der Liewet cum suis pertinenciis tam bonis quam hominibus.

Item sex pulli de area super arenam prope ecclesiam.

Item duo pulli de Wernero Wosman de agro sito prope eum.

Item duo pulli de Heidolfo de Surbeke de terra sita apud eum.

Item duo libre cere de Bernardo de Wenlo de agro sito in campo in Wenlo.

Item sex pulli de Bertrammo Verspich de terra sita in campo in Verspich.

Item XII denarii Lovanienses de Wichero filio domini foresti de prato sito in Weneperevene.

Item XII pulli de pensione in Weneperevene.

---

¹) Er staat „situm de".

Item XII s. et VI denarii Lovanienses de prato Wilteti qui quidem XII s. dantur annuatim ad lampadem ecclesie in Vollenho et VI residui denarii cedunt Herberto.

Item Rudolphus filius Amilii de Veno attinet Herberto iure servili et omnia bona eius, que post obitum ipsius Rudolfi ad Herbertum vel eius heredes devolventur.

Item bona Ludekini super Veno.

Item pensio butiri in Sijbodeswolde.

Item bona in Vesen que emit erga Rudolphum de Dijedem.

Item pensio in Ostenwoude.

Item IIII mansus in Apelderlo.

Item IIII modii siliginis de pensione Everardi de Brakel.

Item bona in Westerwijc in Apeldorn cum suis pertinentiis.

Item bona in Tepelborch in Hernescampe sita.

Item Lubbertus de Westerhusen, uxor eius, pueri eius et omnia bona sua.

Item bona in Cobbingh et bona ad eadem pertinentes.

Item census et pensio pertinentes ad curiam eius in Nijenbeke prope Helborgh sitam.

Item V s. pro censu de Truda de Brummen moranti in Daventria.

Item bona super Ghoij iuxta Lantwer, sex s. ad censum.

Item bona que emit erga Hermannum dictum Havercamp sita iuxta Wessinghedike sunt allodia seu propria.

Item predictus Herbertus tenet omnes mansos quos habet in Hollanderbroech ad censum a comite Gelrensi: de decem cum dimidio dat annuatim de quolibet fertonem et de sex de quolibet marcam; et mansum unum situm super Ovese ad marcam.

Item ista bona emi pro edeleghen: primo terram Ambersforde cum prato cito ibi retro.

Item curia in Herde sita apud ecclesiam.

Fol. 6.   Item bona ten Vorde sita in parrochia de Herde.

         Item bona in Vesepe sita.

Ab episcopo Traiectensi Herbertus de Putthen tenet bona infrascripta in feodum iure ministerialitatis.

Primo castellanatum in Vollenho, et in nemore dicto Vorst quoddam ius dictum utval cuius medietas attinet ei. Item glandes quatuor porcorum. Item decimam domus sue in Putthen.

Item domum dictam Scultingh cum suis pertinentiis.

Item bona Rudolphi dicti toe der Maenbeke.

Item bona dicta ter Capellen que colit Cop et gener eius.

Item bona dicta ten Berghe.

Item bona Iohannis toe Manthoren cum hominibus eisdem attinentibus.

Item IIII urnas butiri in Scaderwoude et paludem ibidem.

Item pensionem butiri in Frisia.

Item mansum Alteti Ludolving situm in IJsselhamme.

Item decimam septem mansorum sitorum in IJselhamme.

Item quandam parvam decimam sitam in der Vrierstraten iuxta IJselhamme.

Item particulam prati siti prope Mugghenbete.

Item decimam dictam Oversperweringhe.

Item decimam in Telgit grossam et parvam.

Item bona dicta Overessing.

Item decimam terre dicte Cotland in Hessel site.

Item decimam in Vledder.

Item dimidium mansum situm in Kuinre et decimam in Willighe quam dictus Stekemes ab ipso de iure tenere deberet.

Item homines servilis condicionis Rudolphum dictum te Pacel et suos liberos seu genitos.

Item decimam sitam in Nunspen.

Item decimam sitam in Elspit.

Item decimam in Ekenvelde.

Item urnam cum dimidia butiri sitam in Sibodeswoude.

Item decimam grossam et minutam in Herde.

Item in Vorachten grossam et parvam decimam cum vasallis et hominibus tenet iure homagii ad quinque marcas.

Omnia bona et homines et vasalli siti ex illa parte aqueductus quod in vulgo dicitur Zijle et qui siti sunt ex illa parte der Driflacke sunt feoda ab ecclesia [1]) Traiectensi.

Et talia bona seu vasallos que antecessores sui ab ipso tenuerunt.

Item eodem iure tenet ab episcopo Traiectensi decimam super Eket. Item decimam in Ostenwalde. Item decimam toer Horst. Item decimam in Bijsel grossam et minutam. Item decimam in Apelderlo.

Item tam omnia bona quam vasallos et quam homines tenet ab episcopo Traiectensi que sui antecessores ab ipso tenuerunt ut est predictum.

Item grossam et minutam decimam in Olsterhusen.

Item decimam in . . . .

Item census qui dantur in die beati Andree in Ermlo et omnes homines eosdem dantes census. Item mansum in Berenchem. [2])

Fol. 7. Bona infrascripta tenet a preposito Daventriensi iure homagii :

Primo decimas in Velua sitas, dictas de Ardeije, videlicet decimam in Bijsel.

Item grossam decimam in Horst. Item parvulam decimam in Oestenwolde. Item decimam in Apelderlo. Item decimam in Oesterhusen. Item decimam in Eker. Item decimam in Spankeren. Item decimam sitam super Mersche. Item decimam in Geitlo. Item decimam in Wichmunde et omnem decimam dictam de Ardeie sive scripte sive non.

---

[1]) Waarschijnlijk moest hier staan „episcopo", waarop het volgende „ipso" wijst.

[2]) Zie Register Oud Archief Overijssel D bladz. 22.

Item parva decima super Horst.

Item grossa decima in Wesepe.

Infrascripta bona tenet a comite Ghelrensi iure Zutphaniensi :

Primo fermentum in Elburgh. Item bona super Eket. Item
pratum dictum Kernholp. Item pratum dictum Olden Ekét.
Item bona Rutgheri in Empse. Item curtim in Varlehorst.
Item bona in Cloechorst. Item bona Steghemanni. Item
bona dicta Oudekunc. Item bona in Burghing et omnes
homines ad dicta bona pertinentes. Item mansionem suam
apud Elburgh que vocatur Putthen et curtim ibidem cum
pascuis iuxta domum suam seu mansionem sitis. Item omnem
terram arabilem in vulgo dictam bouland ad dictam curtim
pertinentem.

Item pratum dictum Veckenorde. Item bona sita in Olsten-
dorpe. Item curtim in Putthen in Velua cum omnibus hominibus et bonis ad dictam curtim spectantibus, excepto uno
manso. Et exceptis . . . . [1]) in Hernescampe et bonis Lubberti
de Westerhusen, et talia bona, vasallos et homines que vel
quos antecessores sui a dicto domino comite tenuerunt; in
Dremete iudicium dictum scotinghe.

Bona predicta tenet a comite Ghelrensi iure Zutphaniensi,
preter curiam in Putthen, quam tenet ab ipso iure homagii,
in vulgo to manstede.

Subscriptos census et pensiones tenet Herbertus pro pro-
priis bonis in vulgo vor viledelgut [2]) quos subscripti tenent
solvendos in festo sancti Martini hijemalis in curiam suam
dictam Nienbeke sitam prope Elburgh.

Primo Hermannus Haverscamp dat pensionem de bonis

---

[1]) Hier is iets uitgevallen, zie bladz. 7 14de regel van boven.

[2]) De eerste lettergreep is onduidelijk geschreven.

dictis Westerwic sitis in parrochia in Apeldren et de omnibus ad bona spectantibus sive de terra arabili sive warandiis VI maldra siliginis Elburgensis mensure que dabit ipso die beati Martini aut octo dies ante aut octo dies post secundum diem: quod si non faceret ex tunc predicta bona essent devoluta et soluta ad curiam in vulgo to hove ledich et omnia stantia et iacentia super ipsis.

Item predictus Theodericus et Wernerus filius Lodewici III ❦ de area sita prope cimiterium in Elburgh. Item idem Wernerus I ❦ de area in qua moratur et X s. de arca et II s. de terra Grune in qua morabatur Iacobus Mate-risch. Item Everardus de Brakel IIII maldra siliginis pro censu de bonis in quibus moratur et omnibus ad ipsa spec-tantibus. Item Iutta soror Ecberti II s. de pascuis IIII vaccarum in der Wildermaet et de duabus virgis terre up den Maeden et de uno agro sito prope molandinum Herberti et de agro super Noetcampe et de certis agro sito iuxta preempta de dictis bonis dicti Crede.

Item Lambertus filius Hoperti Buckingh VI denarios de terra.

Pensio de Ostenwoude; IIII maldra siliginis; item XIIII maldra ordei et III maldra even, et cum predictam mulierem mori contigerit bona predicta super Herbertum devolventur. Item Gerardus filius Alteti II ❦ cere de bonis in quibus residet, que post obitum eius devolventur ad curiam soluta. Item Gerardus filius Bernardi de Bisel V s. de bonis suis in Bisel. Item XXX s. de quodam prato et IIII capones. Item Gerardus.... Item Bertoldus de Elburgh XX modios ordei in vulgo halfspild coren de decima in Horst singulis annis; desuper campo in Nunspiet V s. de bonis sitis super campo. Item Gerardus Lantheer IIII s. de Vesterbijvang et attinentiis eius. Item Lubbertus Sticker V s. de campo sito prope ecclesiam in Nunspiet. Item Alardus filius Lamberti de Amersforde XII denarios de bonis sitis prope Elburgh. Item Iacobus in der Scruid III s. de Suidlanġet.

Item Ludolphus ten Pasche X s. IIII denarios de bonis ten Pasche et uno prato dicto Agere.

Item Cremer VIII s. et duo pullos de duabus areis.

Item Sweneken v s. et duo pullos de una area.

Item Heiden V s. et duo pullos de dimidia area.

Item Lubbertus Haec III capones de pecia terre prope pontem Herberti. Item Lubbertus Haec unum denarium de omni hereditate sua.

Item Lambertus de Nijenbeke IIII pullos de Scaftes-hofstede.

Item Wilhelmus Stickel I ♔ et IIII pullos de particula terre site in fine mansi Herberti.

Item Bernardus de Wamminchorst et Sophia soror eius XII denarios parvorum pro censu de bonis suis in Vorstunden in festo beati Martini hijemalis.

Item de bonis sitis super Goije ter Landwere VI denarios parvorum denariorum tempore predicto solvendos.

Item in curiam Nijenbeke prope Elbourgh Hermannus et Henricus filii Tyacen v s. pro censu de Credencampe.

Item Lubbertus Rutard VIII denarios de eodem campo.

Item Henricus Remberti de Vailhorst XII denarios de eodem campo.

Item begine [1]) in Elborgh de domistadio earum II capones.

Hec sunt bona Mechtildis sororis Herberti: Primo bona Arnoldi de Bisel cum suis attinentiis.

Item pratum quod habet Gerardus de Bisel quod solvit annuatim XXV s. parvorum, et eisdem bonis attinet Arnoldus de Bisel predictus.

Item pensio de bonis Alteti dicti Ludolvingh sitis in

---

[1]) Er staat „benigne".

Hiselhamme, scilicet ciphus butiri dandus in die omnium sanctorum in Vollenho.

Fol. 9. Item idem Herbertus tenet eidem Mechtildi sorori sue quinquaginta ❦ nigrorum Turonenses quas sustulit ab Alteto predicto, taliter, si forsan predictam Mechtildem sine liberis decedere contigerit, quod bona predicta devolventur ad ipsum Herbertum vel eius veros heredes.

Hec sunt bona Henrici et Helprici fratrum ipsius Herberti : Primo decima in Bisel grossa et minuta. Item parva decima in Horst que fuerat Henrici dicti Vere.

Item bona dicta ten Bussche sita in villa Geitlo.

Item v maldra quorum medietas erit siligo et alia medietas ordeum ex bonis Gertrudis Rabbe fratris eorum [1]) in Steinwickerwoude, tali [2]) condicione, si esset eos sine liberis decedere contigerit quod decima in Horst predicta devolvetur ad ipsum Herbertum et veros eius heredes et alia bona eorum devolventur ad Gertrudem Rabbe; et si esset ipsam Gertrudem sine liberis decedere contigerit bona eius e contrario devolventur ad predictos Henricum et Helpricum eius fratrem.

Item Lutgardis relicta Gosewini de Bake vi scepel siliginis et maldrum avene pro pensione infra festum beati Martini hijemalis et nativitatem Domini in curtim dictam Cobbingh de decima in Werslo grossa et minuta, mensure Doisborgensis, que pensio si predicto non solveretur termino tunc Herbertus recuperabit seu recipiet eam in bonis predictis ad que habebit respectum de eadem pensione.

Item Gerardus filius Rulandi anetarium de una pecia terre pro censu annuo.

---

[1]) Dit „fratris eorum" is niet te begrijpen; waarschijnlijk moet het als „fratrem eorum" 3 regels later achter „Herbertum" ingevoegd worden.

[2]) Er staat „tali esset condicione"; dit „esset" behoort tusschen „si eos" gelijk uit het volgende blijkt.

Item Lubbertus de Westenhende V s. de bonis suis in Westenhende.

Item Copflomingh III scapulos ordei de pecia prope Sudendorp sita.

Item uxor Iohannis Pannecoeke IIII s. de bonis Lantheren.

Item Henricus et Hermannus filii Tyace V s. de Sudercampe.

Item Nennekiin Scultenten de Oesterwoude XVIII s. et IIII pullos.

Item Rutgerus de Plumpenworde II s.

Item Wolterus et Wilhelmus fratres Gerardi dicti Ore tenent bona que Gerardi fratris ipsorum pro V s. bone monete.

Item Wolterus prefatus XXX s. de prato et IIII capones.

Comes Ghelrensis iniuriatur Herberto in antiqua decima in Eckenvelde.

Item Henricum super Horst, qui meus erat vasallus, emisi a dicto iure et dabit michi annuatim IIII maldra siliginis et IIII maldra ordei quam diu vixerit.

(Item dominus Io Hoyer III marcas Brabantinas, grosso Turonensi pro XVI denariis computato, singulis annis in festo omnium sanctorum persolvendas quam diu vixerit de bonis sitis prope Wessingerdike) [1]).

Item Herbertus tenetur mittere XI ℔ nigrorum Turonensium trans partes marinas ex parte parentum suorum.

Fol. 10. Item terra graminum quam Gisekinus de Kijunre tenuit de domistadio in Putthen que est sita super Kijunre prope paludem est devoluta ad curiam scilicet ad ipsum Herbertum.

Item terra graminum sita in Hamme prope Kijunram dicta Dijderikesmaet quam habuit dictus Svegheman annuatim pro luteo, hanc vendidit Frisonibus et non est soluta

---

[1]) Het tusschen ( ) geplaatste is later doorgeslagen.

pensio, ergo devoluta est ad ipsum Herbertum quam idem habet in feudum ab ecclesia Traiectensi cum aliis suis bonis.

Subscripti vasalli iuriantur Herberto in bonis suis que sunt devoluta ad ipsum Herbertum libere quia non requisierunt nec relevaverunt ipsa ab eo.

Item Nijcolaus Stekemes commorans in parrochia de Dijvere.

Item Tije Bloijing Friso et Nanno Wuntk.. [1]) eius morantes in Cortwoude tenetur Herberto xx ₰ Lovanienses de quodam campo dicto Vulvel.

Isti Frisones detinuerunt Herberto pensionem suam de obitu patris eius commorantes in Wulvego apud Ostenkerken: Henricus Gijeling, Petrus Godinghe, item pueri Grothes, IJve in Holenpade, in Wispesberghe Sijverd et Henricus frater eius.

Item bona que Iutta Beghina tenet a me Herberto pro censu, scilicet III agros super Nortcampe et gramina IIII vaccarum in der Wildemaet et II virgulas tenni aver de Maeden post ipsius mortam Iutte ad me et meos veros heredes devolventur.

Isti sunt servili condicione Herberto de Putthen attinentes: Volkerus bi der Lewit, Lamme uxor eius et omnes eorum pueri; uxor Wijcheri, filii eorum et pueri eorum; item pueri Tijdemanni fratris eius; item uxor Tabe fratris Volkeri et omnes pueri eius; item Henricus de Wenlo, Guset uxor eius et omnes pueri eorum; item Berta uxor Hermanni Dol et omnes eius pueri; item Hermannus de Clevena et Hemma uxor eius et Wemmeke eorum filia; item Vossekin filia eorum, Iohannes maritus et eorum pueri; item ionghe Heket et omnes eius fratres; item super Veno Rudolfus filius Amilii; item uxor Henrici de Cotwic et omnes eius

---

[1]) Dit schijnt een eigennaam, waar achter dan „frater" of iets dergelijks is uitgevallen.

pueri que morantur bi Crummencampe prope aquam; item
pueri sororis Alteti Ludolvingh morantes in Hijselhamme
preter Stenekin; item Bertoldus de Curia et omnes eius
congermani seu fratres et sorores morantes in Pasel: predicti
spectant in curiam to Putthen in Vullenho.

Subscripti immediate spectant in curiam Varlehorst: Wolterus de Varlehorst et uxor eius et omnes pueri eorum;
item Bernardus Stegheman, uxor eius et eorum pueri; item
Odbertus de Maekerden, Berta uxor et eorum pueri; item
filius Gerardi Hellingh morans in Hervesse uxor eius et

Fol. 11. eorum pueri; item dñ to Bruggingh et omnes pueri
eius preter unum; Iohannes filius eius, uxor eius et pueri
eorum; item uxor Gerardi filii eius et pueri eius omnes;
item Rode Reijmer, Berta eius soror et omnes sui pueri,
Gerardus et Hermannus filii eius et due filie eius et earum
pueri; item soror Aleidis Berta in Nijde commorans et
omnes eius pueri; item uxor Hermanni de Holtwic et omnes
eius pueri; item Ebeke Toopelburgh in Herscampe et omnes
eius pueri; item sutor commorans in Lochem; item Heile-
wigis filia Volkeri et eius pueri que fuerat concubina
Frederici de Esa.

Subscripti attinent Herberto iure servili nec spectant in
aliquam curiam, scilicet Wernerus Cobbingh, Otto filius eius,
Ermegardis uxor eius et omnes eius pueri preter tres; item
Theodericus frater eius, uxor eius et omnes eius pueri: item
Wise de Vorste et omnes eius pueri; item Volsuindis de
Curia, Gerardus de Empe, Nennekin soror eorum et omnes
eius pueri; item [1]) Iohannis de Bruchorst et omnes eius pueri
preter Essekinum; item Egbertus morans in Sconover; item
Hermannus de Holtwic frater Volzuindis; item Henricus
Scultingh in Empe, uxor eius postrema et eorum pueri;

---

[1]) Later is hier ingevoegd „uxor".

item Egbertus filius Wise, Nennekin soror et omnes eius
pueri; item filius sororis Colkingh in Vorstunden morans;
item Wichmannus de Berghelo et omnes eius pueri et uxor,
filii eius et eius pueri omnes; item soror Wichmanni,
uxor.... Botercop super Goije commorans et eius pueri
omnes; item Wobbe commorans in Hummede et omnes eius
pueri; item Suaneke filia eius et omnes eius pueri; item
Hermannus frater eius; item Rikelendis soror Wobbe morans
Daventrie et omnes eius pueri; item Rutgerus cognatus eius
in Raelte commorans; item Cocus de Borkelo et uxor
Werneri de Butlo et quedam puella commorans in Wesepe;
item Godekinus super Eket; item tres pueri naute; item
verinne super ripa Daventrie; item Copus de Hunen et
tres pueri sororis eius; item dnā de Corler et omnes eius
pueri; item Fiscie mater eius; item Alvradis soror custodis de
Nijele morans in Novimagio; item Greta filia Elmari et eius
pueri morans in Wurde; item Greta Maddeloije, Lummodis
soror eius et earum pueri commorantes in nemore in Boninghen; item Florekinus de Campvelde; item Gerardus Casse
frater eius; item Alradus de Hunen natus, in Gaspwerde
commorans; item Aleidis Foisce in Traiecto in Lindemerkede
morans; item Lutgardis soror Alardi in Ermelo commorans
et eius pueri; item pueri filie eius in Ede morantes.

Subscripti attinent Herberto iure curmedali: Aleidis de
Tunden et quatuor eius filii; item Theodericus Pulstrate et
eius pueri et filia eius et eius pueri; item Theodericus de
Empe; item IJmmeken de Upvorste; item Aleidis Culers et
12. eius pueri; item Wittop; item Henricus de Busche, Theodericus eius frater; item Bernardus de Arde et soror eius
et eius pueri; item Wernerus de Herde et filius Wilhelmi
de Herde et due sorores eius morantes in Oistenwalde;
item soror.... Swarterugghe in Herde commorans et
omnes eius pueri et soror eius Daventrie commorans et eius

pueri; item duo filii Egidii de Tungheren; item uxor Rudolfi
de Vasen et omnes eius pueri; item Arnoldus de Bijsel,
Gerardus frater eius; item uxor Grote Bernardi de Bisel,
Gerardus filius eius et eius uxor; item Wolterus frater eius
et omnes eius sustereghe vel fratres et sorores preter unum;
item Gerardus Guldincop, Theodericus frater eius, uxor eius
et omnes eius pueri; item uxor Arnoldi Crede cum duabus
filiabus eius; item mater Alardi de Amersfordia, et ipse
Alardus, Wobbe soror eius, Bernardus frater eius; item
Cristina de Ganemede et eius pueri; item Theodericus in
Ostendorpe, uxor eius; item Reijmodis Beghina eius soror
iure servili; item Gerardus filius Lijse super Veno commorans et frater eius piscator in Elburgh; item Lubbertus de
Westenenghe, uxor eius et eorum pueri; item postrema uxor
Henikini de Putthen et eius omnes pueri; item filia Duer-
lemanni et eius pueri; item Aleidis morans in Nulde super
mari et eius pueri omnes; item Hermannus Dol et fratres
et sorores eius; item Gerardus Westfalus; item filius Arnoldi
Stake de Bijsel; item omnes homines eius in Oistenwalde
commorantes.

Summa hominum qui in hoc anno, scilicet anno domini
MCCCXIII dederunt censum capitis LXVII.

Item soror Arnoldi Staken et eius pueri commorantes in
Nijenkerken. ¹).

Subscripti infeodati sunt a Pelegrino de Putthen: In
Diventer Wolbertus bona Grisinc in Hummede iure Zutphaniensi; item Wernerus Reghentinc dentum (?) Reghetinc
iure Zutphaniensi; item Arnoldus Crede bona sua in Lun-
spete iure Zutphaniensi; item Gerardus de Drie bona sua in
Ermelo iure Zutphaniensi; item Wolterus de Hove bona
iunioris Rickoldi in Thelghede iure Zutphaniensi; item

¹) Deze regel behoort blijkbaar vooraf te gaan aan Summa etc.

Theodericus Schele in Elborch IIII virgas terre sitas apud Elborgh, II ares in Elborgh, item VI agros uppen hoghen enge, I ℔ grossorum Turonensium iure Zutphaniensi; item Arnoldus de Spelde bona Utendike apud Nulde iure Zutphaniensi; item Henricus fermentarius dimidiam grutum in Elborgh iure Zutphaniensi; item Solfedis filia Lubberti decimam in Apeldorenlo iure Zutphaniensi; item Lubbertus de Ostenwolde medietatem bonorum Hakel iure Zutphaniensi; item Everardus Hasekensone bona dicta Inthof iure Zutphaniensi; item Conradus Unbischdene XI maldra ordei sita sive tollenda .... [1]) super enghe iure Zutphaniensi; item Theodericus de Sinderen decimam de curti in Horst iure Zutphaniensi; item Iohannes Scursac decimam in Cloke iure Zutphaniensi; item Lambertus Mathie bona Bensint in Leste iure Zutphaniensi; item Theodericus de Amme curtim in

Fol. 13. Amme; item curtim in Berghen ad V marcas; item Andreas de Lederen oplendinum [2]) in Wenem cum quatuor warandiis et campum in quo stat, III agros sitos in campo Wenem iure Zutphaniensi; item Iacobus de Veltwich den Brotamp cum una warandia sita in Arderbrocke; item domum in Thule cum una warandia in Thulermarke iure ministeriali ad III ℔; item Henricus de Bake Sassenwert, duo bona in Linenstroden iure Zutphaniensi; item Wilhelmus de Bakerwerde dat Hoschevensche ghoit in Brummen iure Zutphaniensi; item Lubbertus de Empse Luremannesghoit iure Zutphaniensi; item bona Waringes, III modios, medietatem siliginis medietatem ordei; item domina de Enghehusen V bona sua sicut ab ipso tenet; item Iohannes Scureman decimam de Helshove in Arden iure ministeriali; item Henricus de Voracten decimam in Voracten et navem dictam verscip super enge iure omagii; item Bertoldus de Elborgh

---

[1]) Zie bladz. 4 laatste regel.

[2]) Waarschijnlijk schrijffout voor molandinum.

2*

decimam in Horst grossam et minutam iure Zutphaniensi; item Iohannes de Nortlo.

Subscripti sunt censuales curti de Putthen annuatim die Remigii:

Primo Altetus filius Steinoldis in Arderwijc xxx denarios de dimidio prato in Scouwenburgh; item Gerardus Wirleman xii de prato sito apud Primerijt; item bona in Herlescampe dicta Tepelburgh ❦ bone monete; item Henricus de Putthen agricola vi grossos de prato dicto Horenshoren; item Lantfardus v s. de Sorkesdamme; item Mense filius Rolandi xii de campo in Eijstvelde; item Wolf de Spelde iii s. de quatuordecim warscap in marca lignorum; item Wilhelmus Brant xxx denarios de dimidio prato in Scouwenburgh; item Wolterus frater Wilhelmi predicti dedit etiam xxx denarios de predicto dimidio prato omni iure; item Wolterus filius Wilhelmi Bullen xii denarios de dimidio prato dicto Venlant; item Everwinus filius Nenni ii s. de prato dicto Venlant; item Geisa filia Ansevils x denarios et x pullos et dimidium modum ordei de area Laurentii; item Parvus Wedeghe ii s. de hereditate Nennonis Hoeken; item Godschalkus xii denarios de bonis in Niendarp; item Wolterus Deden Autze xxix denarios de bonis in Avese; item Alfardus de Hirde iii s. de bonis in Sprile; item Henricus filius Suaneldis xii denarios; item Rodolphus filius Roberti de Elburgh xii denarios de bonis suis que Ecbertus Supermeer colit; item Ricoldus Swartecop xii denarios et dimidium modium avene de tribus agris sitis in Eint Herberti predicti; item Arnoldus de Aleir ii s. de prato sito apud curtim de Erleir; item Winoldus iaghere ii s. de bonis sitis in Halle.

———

ALPHABETISCH REGISTER.